AF305951

VENTE
Du Lundi 26 Mars 1906
HOTEL DROUOT, SALLE N° 6
A DEUX HEURES

Tableaux Anciens

[Paul Mersch]

EXEMPLAIRE DE H. STETTINER

COMMISSAIRE-PRISEUR
Mᵉ PAUL CHEVALLIER

EXPERT
M. JULES FÉRAL

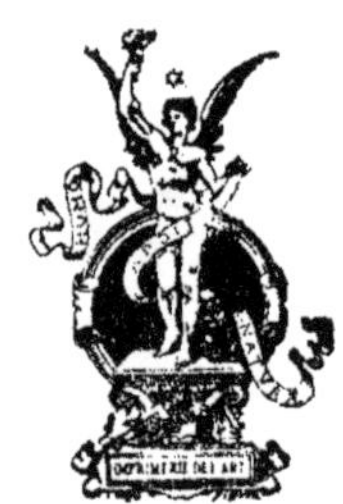
IMPRIMERIE DE L'ART

Tableaux anciens. — 1. Avcd. Portrait d'un Gentilhomme (80-63) : 550. — 2. Belle (attribué à S.). Jeune Femme en buste (64-56) : 460. — 3. Boel (Pierre). Le Marchand de gibier (105-152) : 2.000. — 4. Boucher (François). La Chasse au lion, étude (48-40) : 1.150. — 5. Boucher (Attr. à Fr.). La Bonne Mère (53-43) : 100. — 6. Boucher (École de Fr.). Les Petits Chasseurs (58-72) : 1.150. — 8. Chardin (Attr. à J.-B.). La Gouvernante (78-76) : 655.

12. Crayer (Gaspard de). Le Christ bénissant (55-60) : 205. — 14. Cuyp (J.-G.). Portrait d'Homme (62-56) : 1.150. — 15. Cuyp (J.-G.), pendant du précédent. Portrait de Femme (62-56) : 1.050. — 16. Danloux (P.). Portrait d'un Artiste (57-47) : 520. — 17. Danloux (P.). Portrait présumé de l'abbé de Saint-Far (32-25) : 910. — 18. Dominiquin (Zampierri, dit le). Le Couronnement de la Vierge (84-66) : 210.

20. Dumoustier (Attr. à). Portrait d'un Gentilhomme (55-46) : 460. — 21. Victoor (Jan). Le Départ de Jacob (94-112) : 240. — 22. Fragonard (Attr. à). La Prédication (60-44) : 200. — 24. Géricault. Un Cheval blanc (64-72) : 400. — 25. Géricault. Manœuvre d'artillerie (142-145) : 620. — 26. Goya y Lucientes. « Tu ne t'échapperas pas » (29-23) : 340. — 27. Goya y Lucientes. Scène de Sabbat (30-40) : 230. — 28. Guardi. Vue des environs de Venise (25-45) : 560. — 29. Guardi. Vue de Saint-Georges-Majeur (29-43) : 780.

30. Jeaurat. La Partie de traîneau (68-97) : 390. — 32. Largillière (N. de). Portrait d'un Gentilhomme (73-57) : 6.400. — 33. Le Prince (J.-B.). Un Baptême (71-90) : 190. — 34. Loo (J.-Michel Van). Portrait présumé du marquis de Miromesnil (71-57) : 1.460. — 35. Loo (Attr. à Carle Van). Portrait d'un Officier (78-63) : 340. — 36. Mallet (J.-B.). Baigneuse (40-31) : 360. — 38. Meulen (A.-Fr. Van der). Scène de camp (120-130) : 150.

40. Mignard (École de). Portrait de Femme dans un parc (78-64) : 260. — 41. Moro (Attr. à Ant.). Portrait d'une Dame de qualité (88-64) : 850. — 42. Mytens (D.). Portrait de Femme tenant un perroquet (110-86) : 250. — 43. Oudry (J.-B.). Une Poule huppée et ses poussins (77-110) : 290. — 45. Perronneau (J.-B.). Portrait d'un Magistrat (72-55) : 3.000. — 47. Pourbus (Pierre, dit le Jeune). Portrait d'une Dame de qualité (80-65) : 850. — 49. Robert (Hubert). Les Pêcheurs (58-78) : 2.550. — 50. Robert (Hubert), pendant du précédent. La Ferme (58-78) : 2.550.

52. Roslin (A.). Portrait présumé de Barère (69-56) : 255. — 53. Roslin (A.). Portrait de Montesquieu (65-55) : 265. — 57. Tournières (Robert). Portrait d'un magistrat (72-60) : 270.

61 Vestier (Ant.). Portrait de Jeune Femme (56-45) : 600. — 62. Vincent (Fr.-A.). Portrait d'une jeune Musicienne (107-86) : 750. — 63. Vos (Cornélis de). Portrait d'un Gentilhomme (74-59) : 800. — 64. Vos (Simon de). Portrait présumé du sculpteur Meerestraten (122-91) : 1.400. — 67. École de Cologne (XV° siècle). La Transfiguration (83-87) : 1.150.

Total : 42.377 francs.

CATALOGUE

DES

Tableaux Anciens

PAR

AVED, P. BOEL, BOUCHER, CHAESBEECK, GASPARD DE CRAYER,

G. CUYP, DANLOUX, FICTOOR, GÉRICAULT, GOYA, GUARDI, JEAURAT,

LARGILLIÈRE, LE PRINCE,

MICHEL VAN LOO, MALLET, VAN DER MEULEN, OUDRY, PERRONNEAU, POURBUS,

HUBERT ROBERT, ROSLIN, SCHALKEN, D. TIEPOLO,

TOURNIÈRES, Mme VALLAYER-COSTER, VESTIER, VINCENT,

C. DE VOS, ETC., ETC.

DONT LA VENTE AURA LIEU, A PARIS

HOTEL DROUOT, SALLE N° 6

Le Lundi 26 Mars 1906

à deux heures

COMMISSAIRE-PRISEUR

Me PAUL CHEVALLIER

10, rue Grange-Batelière

EXPERT

M. JULES FÉRAL

7, rue Saint-Georges

EXPOSITION PUBLIQUE

Le Dimanche 25 Mars 1906, de 1 heure 1/2 à 5 heures 1/2

CONDITIONS DE LA VENTE

Elle sera faite au comptant.

Les adjudicataires paieront *dix pour cent* en sus des enchères.

Paris. — Imprimerie de l'Art, E. Moreau et Cie, 41, rue de la Victoire.

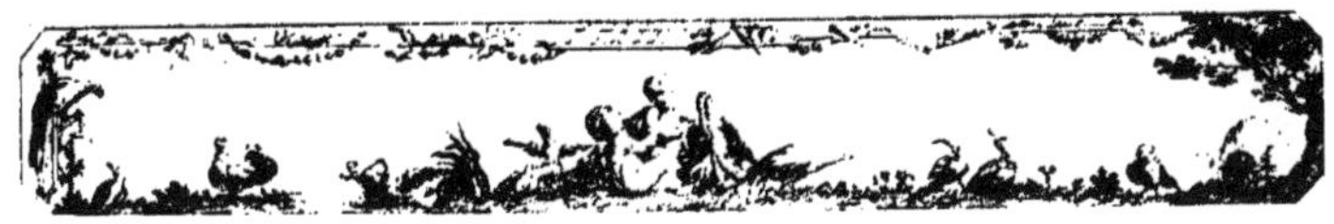

Désignation

TABLEAUX ANCIENS

AVED
(JACQUES-ANDRÉ-JOSEPH)
Douai 1702-1766

1 - *Portrait d'un Gentilhomme.*

En habit gris, gilet de soie bleu brodé d'argent, le bras gauche accoudé sur une cheminée, il tient dans la main une boîte en or.

Cadre en bois sculpté.

Toile. Haut., 80 cent.; larg., 63 cent.

Vente Guttierez de Estrada.

650

BELLE
(Attribué à S.)

2 — *Jeune Femme en buste.*

Les cheveux poudrés, coiffée d'un chapeau blanc: elle est vêtue d'une robe de mousseline rayée.

Toile. Haut., 64 cent ; larg., 56 cent.

BOEL
(PIERRE)
Anvers, 1622-1677

3 — *Le Marchand de gibier.*

Un homme en veste noire, coiffé d'un bonnet blanc, tenant un couteau à la main, est debout derrière une table garnie de gibier, de fruits et de légumes. Une ménagère en robe rouge, en partie couverte d'un tablier bleu, tient d'une main un canard sauvage.

Figures attribuées à RUBENS.

Cadre en bois sculpté.

Toile. Haut., 1 m. 05 cent.; larg., 1 m. 52 cent.

BOUCHER
(FRANÇOIS)
Paris, 1703-1770

4 — *La Chasse au lion.*

Étude d'un tableau du Musée du Louvre.

Toile. Haut., 48 cent.; larg., 40 cent.

BOUCHER
(Attribué à FRANÇOIS)

5 — *La Bonne Mère.*

Composition gravée.

Cadre en bois sculpté.

Toile. Haut., 53 cent.; larg.; 43 cent.

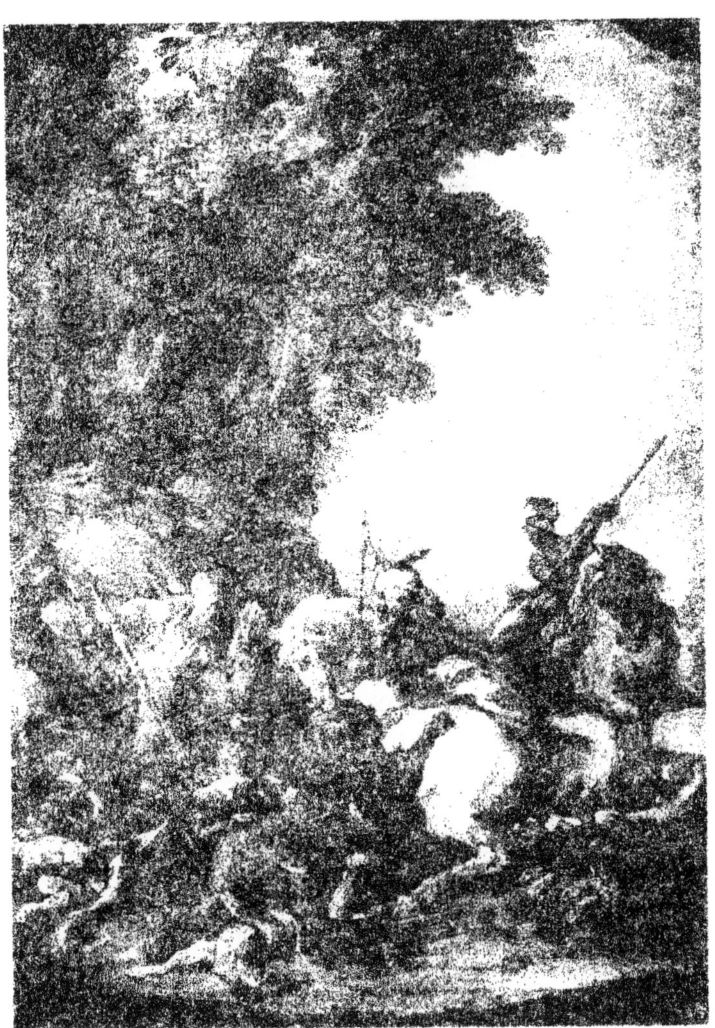

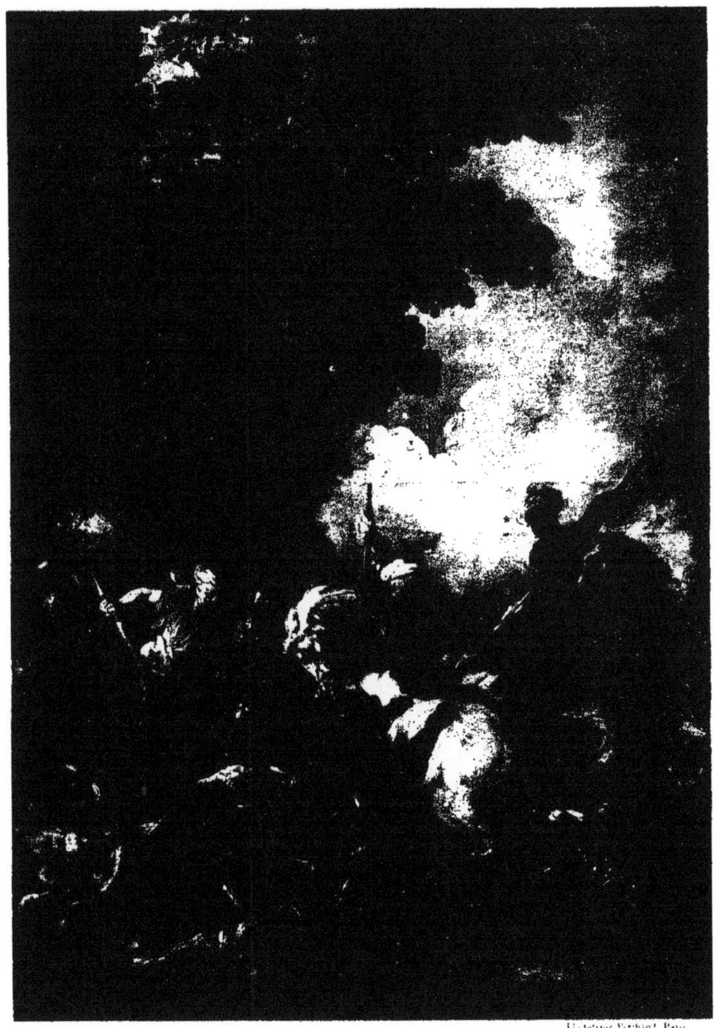

1150

BOUCHER
(École de FRANÇOIS)

6 — *Les Petits Chasseurs.*

Dans un paysage, deux enfants, assis à terre, attendent près d'un piège une capture.

A gauche, un bouquet d'arbres.

A droite, un château au bord d'un cours d'eau qui fuit à l'horizon, dans un site montagneux, sous les effets du soleil couchant.

Cadre en bois sculpté.

Toile. Haut., 58 cent.; larg., 72 cent.

Collection de Mme Lelong, avril 1903.)

BRAUWER
(Attribué à ADRIEN)

7 — *Le Chirurgien de village.*

Assis devant une table de bois, où sont posées des fioles et une terrine de grès, il fait une incision au bras d'un patient. Devant eux, un troisième personnage coiffé d'un haut chapeau de feutre.

Toile. Haut., 25 cent.; larg., 20 cent.

CHARDIN

(Attribué à JEAN-BAPTISTE)

8 — *La Gouvernante.*

Une jeune femme, assise dans un intérieur, coiffée d'un bonnet, vêtue d'une robe rayée sous un tablier blanc, réprimande un écolier en habit rouge, et dont elle tient, à la main, le tricorne noir.

A droite, une table à jeu et, sur le sol, des cartes, une raquette, un volant.

A gauche, des pelotes de laine dans un panier à tapisserie.

Gravé par *Lépicié.*

On lit au bas de la gravure :

> *Malgré le minois hypocrite*
> *Et l'air sournois de cet enfant,*
> *Je gagerais qu'il prémédite*
> *De retourner à son volant.*

Cadre en bois sculpté.

Toile. Haut., 78 cent.; larg., 76 cent.

CHARDIN

(Attribué à JEAN-BAPTISTE)

9 — *Nature morte.*

Un melon blanc, un pain, un panier de pêches, un verre, une bouteille, le tout réuni sur une table couverte d'une nappe.

Signé et daté : 1745.

Toile. Haut.. 37 cent.; larg., 45 cent.

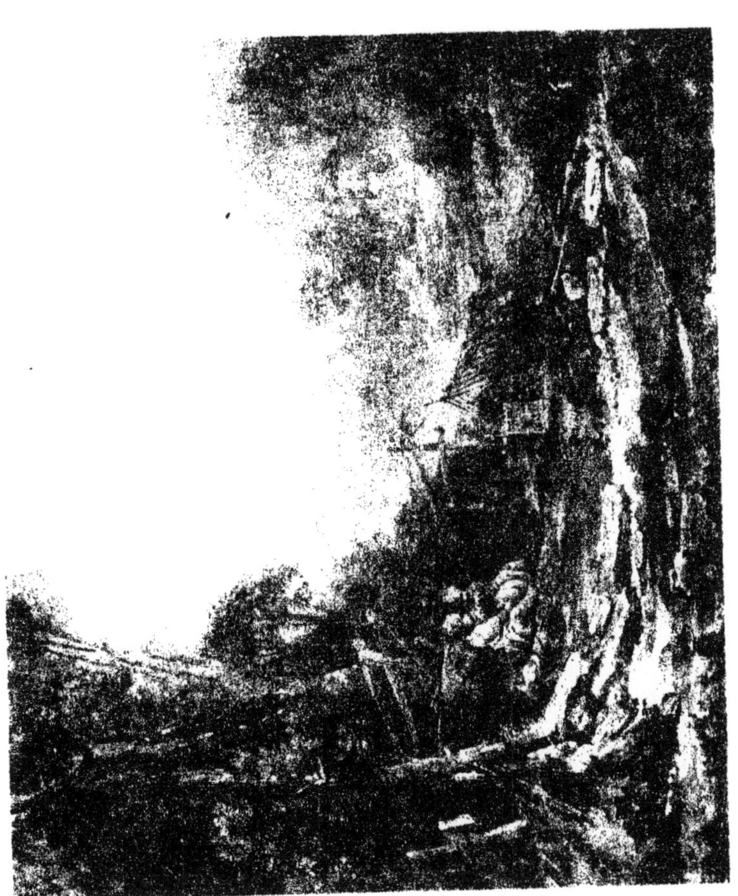

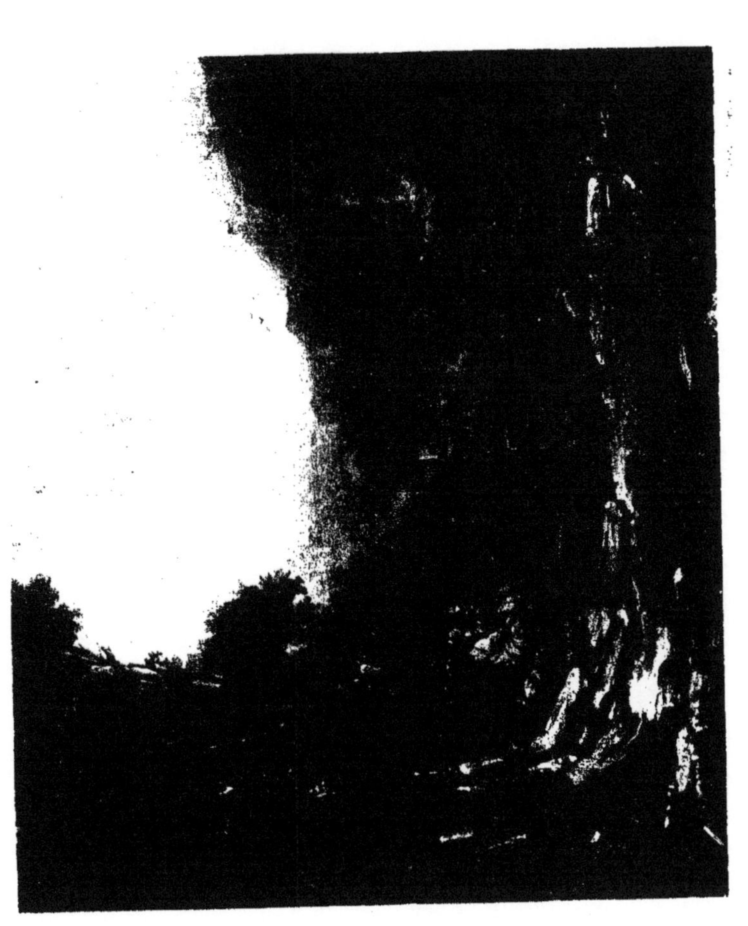

COYPEL
(ANTOINE)
Paris, 1661-1722

10 — *Sujet tiré de l'Histoire romaine.*

135
Gérard

Toile. Haut., 1 m. 30 cent.; larg., 98 cent.

CRAESBEECK
(JOSSÉ VAN)
Neerlinter, 1606-1655

11 — *L'Évangéliste.*

100
Guérin

Il est assis devant un pupitre, un ange lui présente un encrier.

Bois. Haut., 63 cent.; larg., 49 cent.

CRAYER
(GASPARD DE)
Anvers, 1582-1669

12 — *Le Christ bénissant.*

205

Représenté en buste, en robe rouge, un manteau noir sur l'épaule gauche, la main gauche appuyée sur le globe terrestre, il fait de la main droite le geste de bénir.

Toile. Haut., 75 cent.; larg., 60 cent.

CREPIN
(LOUIS-PHILIPPE)
Paris, 1772-1851

13 — *Paysage agreste.*

100
Feral

Au premier plan, au bord d'un cours d'eau, une paysanne tient une fillette par le bras. A gauche, une cascade. Dans le fond, un berger poussant devant lui un troupeau de moutons.

Toile. Haut., 1 m. 6 cent.; larg., 1 m. 40 cent.

CUYP

(JACOB GERRITSZ)

Dordrecht, 1575 ? ?

14 — *Portrait d'Homme.*

Vu à mi-corps, de trois quarts tourné vers la droite. Vêtement noir, collerette blanche godronnée, chevelure, moustaches et barbe châtains. Sur le fond, à gauche, des armoiries : une tête de bœuf, surmontée de deux croix ; à droite, l'inscription :

Aetatis 29.

Ano 1526.

Signé : *J.-G. Kuyp.*

Bois. Haut., 62 cent.; larg., 56 cent.

Vente Shiff, mars 1905, n° 107.

CUYP

(JACOB GERRITSZ

PENDANT DU PRÉCÉDENT

15 — *Portrait de Femme.*

De trois quarts tournée vers la gauche, en robe noire, collerette blanche godronnée, bonnet plissé.

Sur le fond, à gauche, on lit :

Aetatis 30.

Ano 1626.

Signé : *J.-G. Kuyp f².*

Bois. Haut., 62 cent.; larg., 56 cent.

Vente Shiff, mars 1905, n° 108.)

DANLOUX
(PIERRE
Paris, 1753-1809

16 — *Portrait d'un Artiste.*

Représenté en buste, dans un médaillon, vêtu d'un habit noir ouvert sur un gilet brodé d'or, la main droite, tenant un porte-crayon, et appuyée sur un carton à dessin.

Signé et daté : 1787.

Toile. Haut., 57 cent.; larg., 47 cent.

DANLOUX
PIERRE)

17 — *Portrait présumé de l'abbé de Saint-Far.*

Il est debout, dans un parc, vêtu d'une redingote bleue ouverte sur un gilet blanc, d'une culotte nankin, chaussé de bottes à revers, une main sur la hanche et tenant son chapeau de l'autre main.

Fond de parc anglais, avec promeneurs et cavaliers.

Toile. Haut., 32 cent.; larg., 24 cent.

DOMINIQUIN
(ZAMPIERRI, dit le)
Bologne, 1581-1641

18 — *Le Couronnement de la Vierge.*

Elle est portée sur un nuage, entourée d'anges, les uns soutenant sa couronne et son manteau, les autres chantant et jouant de divers instruments.

Bois. Haut., 84 cent.; larg., 60 cent.

DROUAIS

(Attribué à)

19 — *Portrait d'une Jeune Princesse.*

125

Coiffée d'un bonnet de dentelle blanche, elle porte un corsage gris-perle et un manteau d'hermine.

Cadre en bois sculpté.

Toile. Haut., 40 cent.; larg., 33 cent.

DUMONSTIER

(Attribué à)

20 — *Portrait d'un Gentilhomme.*

460

En pourpoint noir, les cheveux bruns relevés, la barbe en pointe, une collerette rigide autour du cou.

Cadre en bois sculpté.

Toile. Haut., 55 cent.; larg., 46 cent.

FICTOOR

(JAN)

Amsterdam, 1620-1675

21 — *Le Départ de Jacob.*

240
Rosa

Une jeune femme, en robe de soie bleue et large chapeau de paille, assise sur une marche, tient par la bride un âne chargé d'un bât.

Toile. Haut., 94 cent.; larg., 1 m. 12 cent.

FRAGONARD

(Attribué à)

22 — *La Prédication.*

Un Apôtre, debout sur les marches d'un Temple, tend les bras. Autour de lui, des hommes, des femmes, des enfants écoutent sa parole.
Grisaille.
Cadre en bois sculpté.

Toile. Haut., 60 cent.; larg., 44 cent.

GÉRARD

(Mademoiselle MARGUERITE)

23 — *Jeune Homme en buste.*

De profil, à gauche, les cheveux blonds relevés et serrés sur la tête par un ruban rouge, une collerette de mousseline plissée autour du cou.
Peinture sur ardoise de forme ronde.

Diam., 11 cent.

GÉRICAULT
(JEAN-LOUIS-ANDRÉ)
Rouen, 1791-1824

24 — *Un Cheval blanc.*

Vigoureuse peinture.

Toile. Haut., 60 cent.; larg., 72 cent.

GÉRICAULT
(JEAN-LOUIS-ANDRÉ

25 — *Manœuvre d'Artillerie.*

Un attelage de quatre chevaux, galopant sous le fouet de leurs conducteurs, entraîne sur un monticule une lourde pièce de siège. Un peloton de cavaliers coiffés du haut bonnet à poil suit dans un tourbillon de poussière. Plus loin, quatre canons en batterie. Dans le fond, un paysage montagneux dominé par une forteresse.

Importante composition.

Toiles. Haut., 1 m. 12 cent.; larg., 1 m. 45 cent.

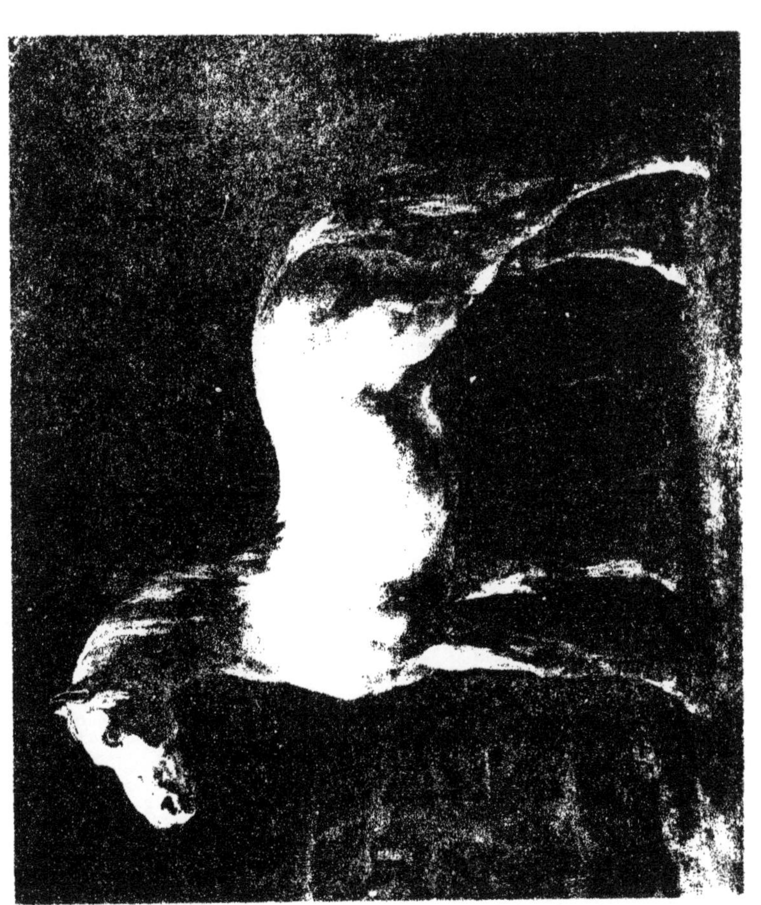

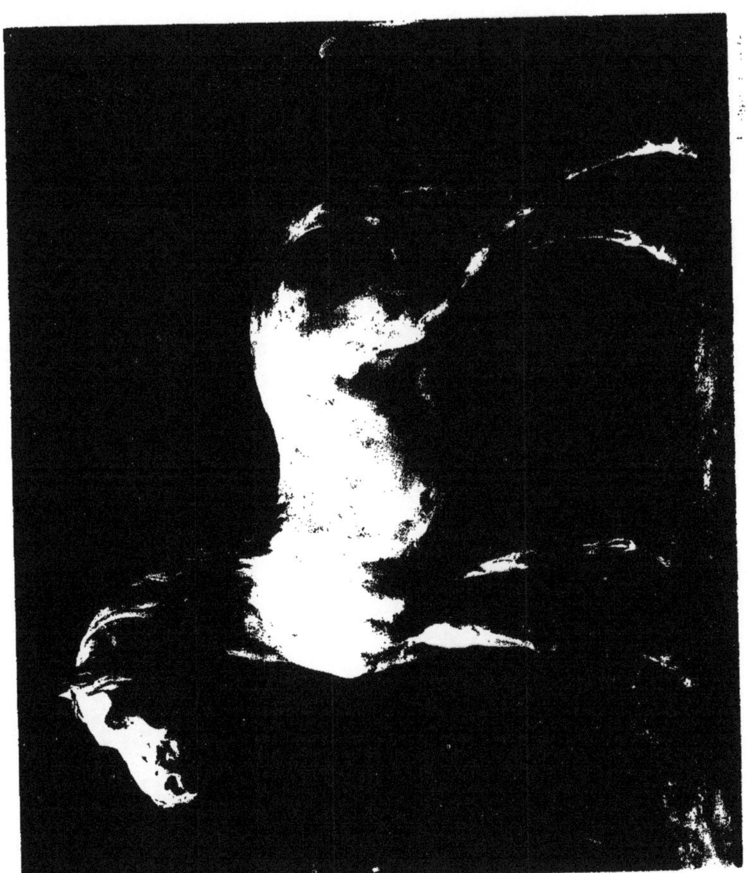

GOYA Y LUCIENTÉS
FRANÇOIS;
Fuendetodos, 1746-1828

26 — " *Tu ne t'échapperas pas.* " (No te escaparas). Caprices, 72.

Une jeune fille poursuivie par des monstres à ailes d'oiseaux.

Carton. Haut., 29 cent.; larg., 23 cent.

(*Vente Doria, mai 1899.*)

(Collection Stchoûkine.

GOYA Y LUCIENTÉS
(FRANÇOIS)

27 — *Scène de Sabbat.*

Une sorcière, vue de dos, tient au premier plan une torche enflammée. Au second plan, de nombreux personnages s'animent autour d'un brasier.

Bois. Haut., 30 cent.; larg., 40 cent.

GUARDI
(FRANÇOIS)
Venise, 1712-1793

28 — *Vue des environs de Venise.*

Au premier plan, plusieurs personnages au bord d'un cour d'eau. Plus loin, des constructions.

Toile. Haut., 25 cent.; larg., 35 cent.

GUARDI
(FRANÇOIS)

29 — *Vue de Saint-Georges-Majeur.*

Au premier plan, des bateaux et des gondoles.

Toile. Haut., 29 cent.; larg., 43 cent.

JEAURAT
(ÉTIENNE
Paris, 1699-1789

30 — *La Partie de traineau.*

Une dame élégamment vêtue est assise dans un traineau en forme de coquille et attelé d'un cheval caparaçonné. Son conducteur lui offre un verre, tandis qu'elle soulève un voile couvrant son visage.

Un gentilhomme, les mains dans un manchon de fourrure, patine à ses côtés.

Toile. Haut., 68 cent.; larg., 97 cent.

LAAR
(PIERRE VAN)
Haarlem, 1613-1674

31 — *Le Repos des bergers.*

Une bergère filant, deux pâtres et un enfant sont réunis à droite, gardant un troupeau de chevaux et de vaches, près d'un rocher embroussaillé.

Bois. Haut., 62 cent.; larg., 53 cent.

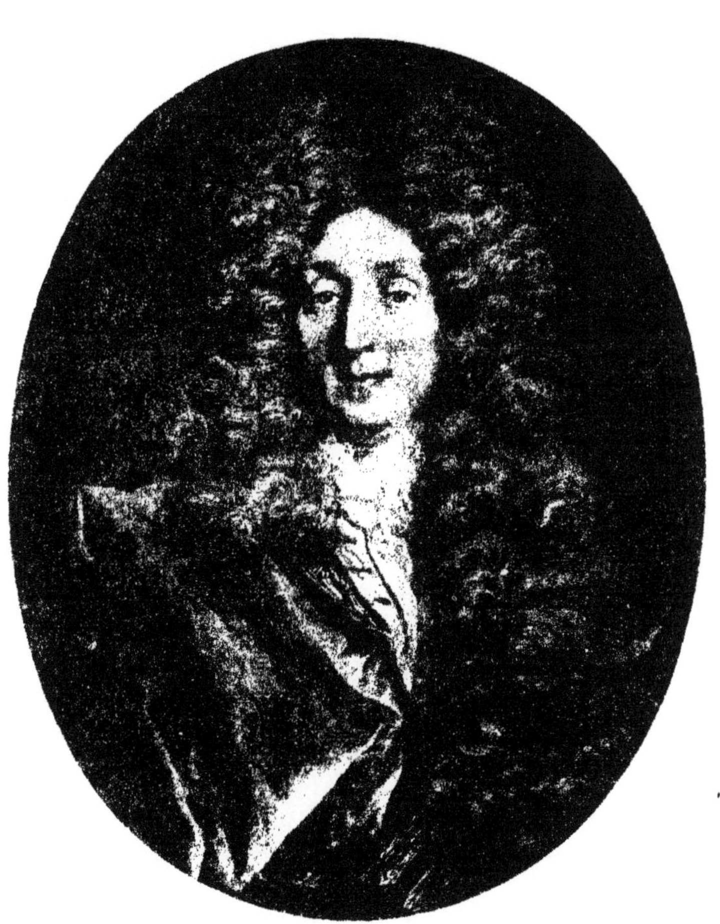

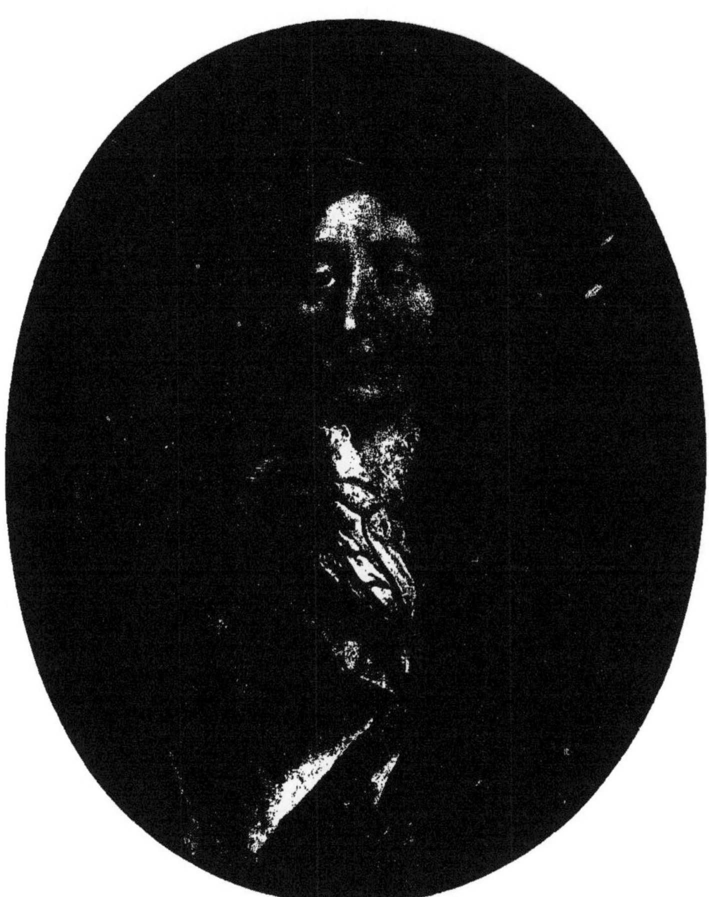

32

LARGILLIÈRE
(NICOLAS DE)
Paris, 1656-1746

32 — *Portrait d'un Gentilhomme.*

Vu de face, à mi-corps, coiffé d'une longue perruque pendant sur les épaules, il est drapé dans un manteau de velours bleu doublé de soie jaune brochée.

Toile de forme ovale.

Cadre en bois sculpté.

Haut., 73 cent.; larg., 57 cent.

LE PRINCE
(JEAN-BAPTISTE)
Metz, 1733-1781

33 — *Un Baptême.*

Esquisse.

Cadre en bois sculpté.

Toile. Haut., 71 cent.; larg., 90 cent.

LOO
(LOUIS-MICHEL VAN)
Toulon, 1707-1771

34 — *Portrait présumé du marquis de Miromesnil.*

Il est représenté en robe rouge garnie d'hermine, coiffé d'une perruque poudrée, assis dans un fauteuil et vu à mi-corps, tourné de trois quarts à gauche; sa toque, galonnée d'or, est posée près de lui sur une table.

Signé à gauche en toutes lettres et daté : *1763*.

Cadre en bois sculpté.

Toile. Haut., 71 cent.; larg., 57 cent.

3

LOO
(Attribué à CARLE VAN)

35 — *Portrait d'un Officier*.

A mi-corps, de trois quarts à gauche, il porte une cuirasse sur un habit rouge et une ceinture blanche nouée au côté.

Cadre en bois sculpté.

Toile. Haut., 78 cent.; larg., 63 cent.

MALLET
(JEAN-BAPTISTE)
Grasse, 1759-1835

36 — *Baigneuse*.

Une jeune femme est assise sur un tertre, au bord d'un bassin. Les cheveux blonds épars, les pieds posés sur un coussin bleu, elle tient contre sa poitrine une draperie de soie jaune.

Signé à gauche.

Toile. Haut., 40 cent.; larg., 31 cent.

MARTIN
(JEAN-BAPTISTE)
Paris, 1659-1735

37 — *La Halte*.

Des militaires sont arrêtés à l'entrée d'une grotte; les uns jouent aux cartes, d'autres fument. Un cavalier en habit rouge donne des ordres. Au second plan, une charrette attelée de deux chevaux.

Fond de paysage accidenté.

Toile. Haut., 90 cent.; larg., 1 m. 20 cent.

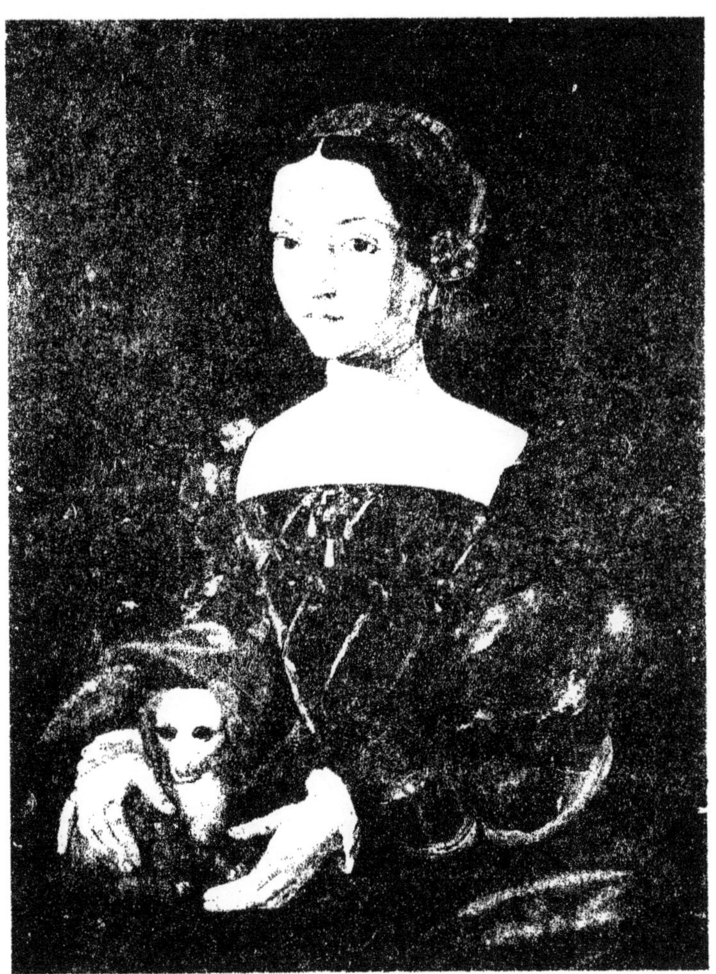

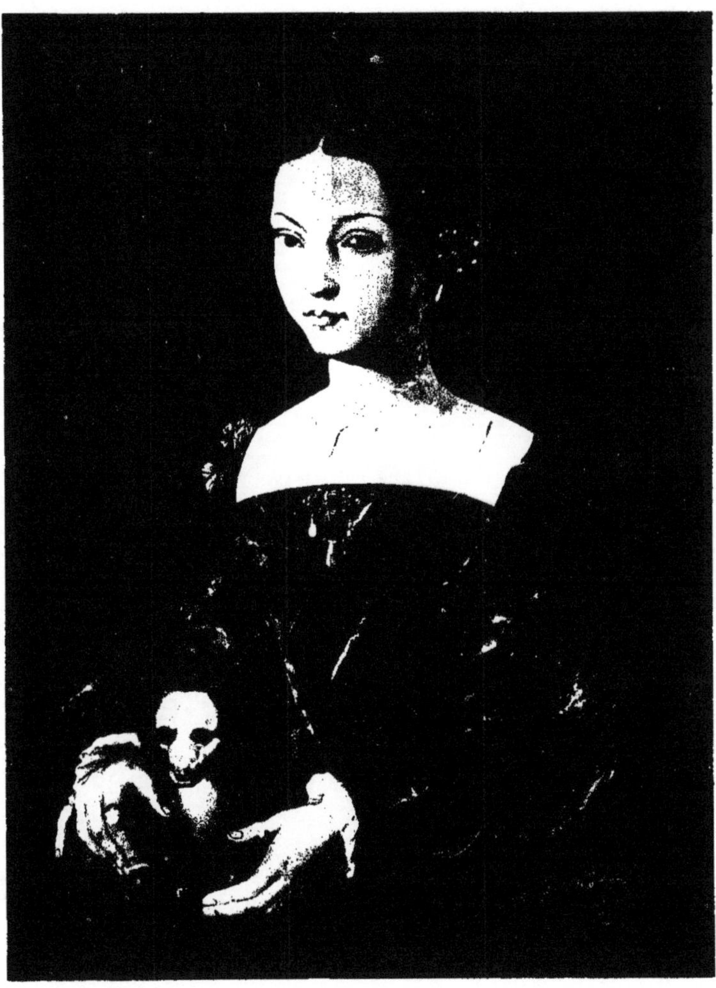

41

MEULEN
(ADAM-FRANÇOIS VAN DER)
Bruxelles, 1632-1690

38 — *Scène de camp.*

Un officier est assis au centre, tenant par la main une jeune femme élégamment vêtue, levant un verre qu'un villageois remplit de vin. Des fruits sont étalés sur un linge devant le couple galant. A droite, un trophée guerrier.

Des soldats et des villageoises dansent ou s'entretiennent devant des tentes dressées ; des cavaliers gardent leurs chevaux.

Toile. Haut., 1 mètre ; larg., 1 m. 30 cent.

MIGNARD
(École de)

39 — *Portrait de Femme.*

En corsage décolleté, manteau rouge broché d'or, le bras droit accoudé sur une console.

Toile. Haut., 60 cent.: larg., 51 cent.

MIGNARD
(École de)

40 — *Portrait de Femme dans un parc.*

Elle est accoudée sur un socle de pierre où est posé un bouquet de fleurs.

Toile. Haut., 78 cent.: larg., 64 cent.

MORO

(Attribué à ANTONIO)

41 — *Portrait d'une Dame de qualité.*

Vue à mi-corps, assise dans un intérieur, elle caresse un chien sur ses genoux.

Vêtue d'une robe à crevés ouverte sur la poitrine, une coiffe sur ses cheveux blonds séparés en bandeaux sur le front, une écharpe rouge autour de la taille, elle est parée de bijoux d'orfévrerie enrichis de pierres précieuses.

Cadre en bois sculpté.

Bois. Haut., 88 cent.; larg., 64 cent.

(Collection Huybrecht d'Anvers.)

MYTENS

(DANIEL)

La Haye, 1644-1688

42 — *Portrait de Femme tenant un perroquet.*

Elle est vue jusqu'aux genoux, coiffée d'un bonnet, les cheveux blonds pendant sur les épaules, drapée dans des étoffes orientales et parée de riches bijoux.

Cadre en bois sculpté.

Toile. Haut., 1 m. 10 cent.; larg., 86 cent.

OUDRY

(JEAN-BAPTISTE)

Paris, 1686-1755

43 — *Une Poule huppée et ses poussins.*

Représentés dans un paysage, au pied d'une plante fleurie.

Dessus de porte.

Haut., 77 cent.; larg., 1 m. 10 cent.

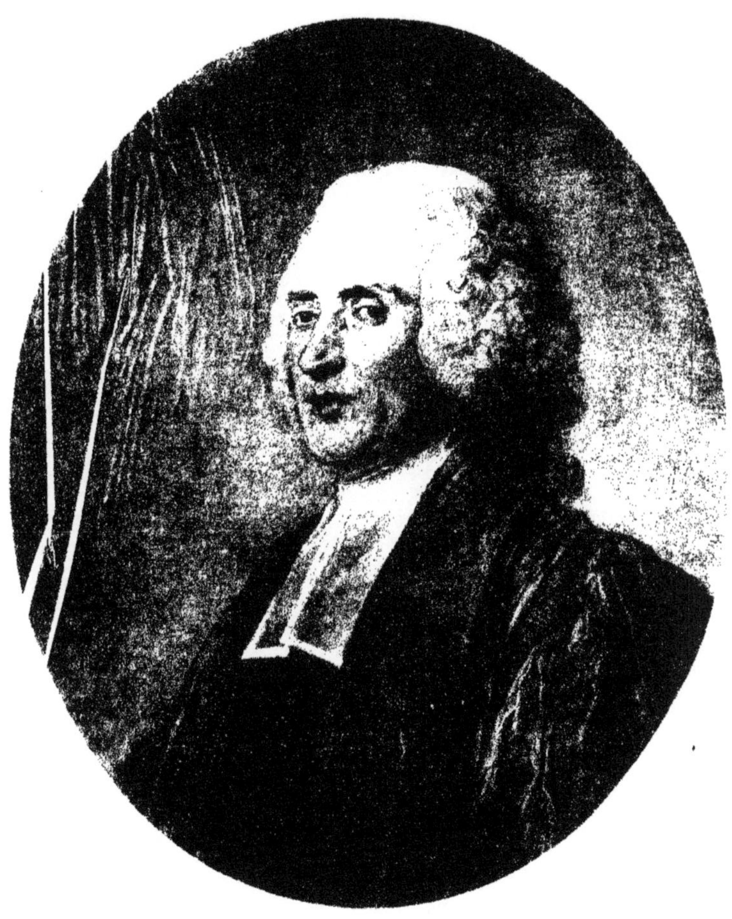

MORO

41 — *Portrait d'une Dame* [illegible]

> [illegible]

MYTENS

DANIEL

42 — *Portrait [...] femme [...]* [illegible]

> [illegible]

OUDRY

JEAN-BAPTISTE

43 — *Une Poule huppée et ses poussins.*

> Représentés dans un paysage [...] au pied d'une [...]
> [illegible] de perle.

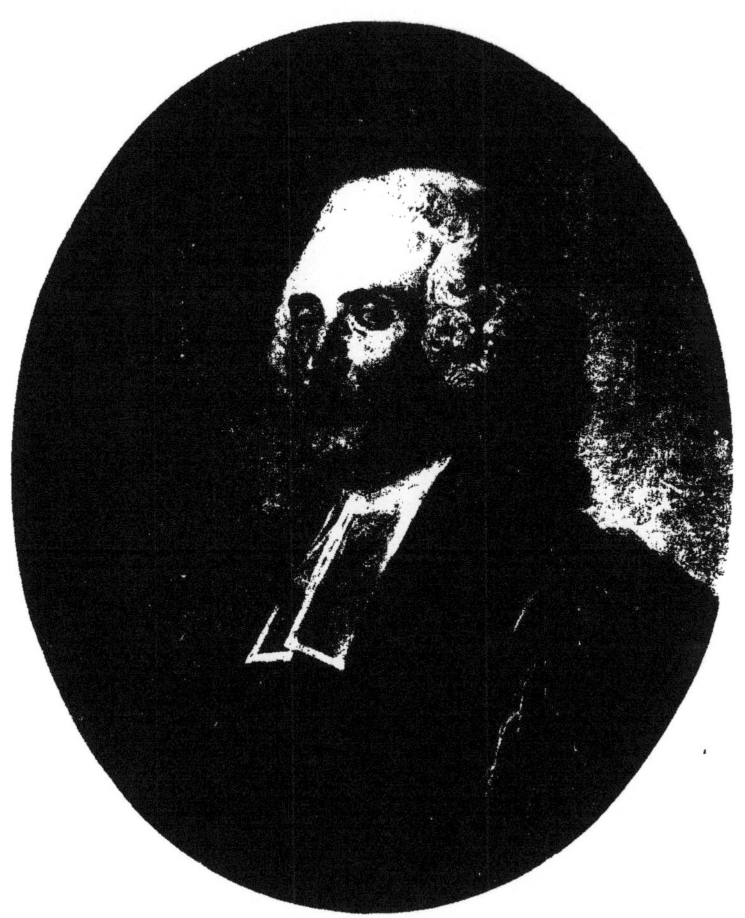

45

OUDRY
(JEAN-BAPTISTE)

44 — *Milan au milieu de canards sauvages.*

Toile. Haut , 60 cent.; larg., 80 cent.

PERRONNEAU
(JEAN-BAPTISTE)
i . . , 1775-1783

45 — *Portrait d'un Magistrat.*

Représenté à mi-corps, tourné de trois quarts vers la gauche, il porte la robe noire et la perruque poudrée.

Toile de forme ovale.

Haut, 72 cent.; larg., 55 cent.

POEL
(EGBERT VAN DER)
Delft, 1621-1664

46 — *Le Cellier.*

Un homme tire de l'eau d'un puits, autour duquel sont réunis des légumes et des ustensiles de ménage.

Bois. Haut., 58 cent.; larg., 52 cent.

POURBUS
(PIERRE, dit le JEUNE)
1523-1583

47 — *Portrait d'une Dame de qualité.*

Vue de profil, tenant un chapelet; elle est vêtue de noir et parée d'une collerette et de manchettes de dentelle.

On lit sur le cadre ancien le millésime : *1561.*

Cadre en bois sculpté.

Bois. Haut., 80 cent.; larg., 65 cent.

RICCI
(SÉBASTIEN)
Cividale-di-Bellune, 1662-1734

48 — *L'Éducation de la Vierge.*

Sainte Anne est assise dans un fauteuil; la Vierge, en robe blanche, tient un livre ouvert sur les genoux de sa mère. Saint Joachim est appuyé au second plan sur le socle d'une colonne.

Cadre en bois sculpté.

Toile. Haut., 46 cent.; larg., 58 cent.

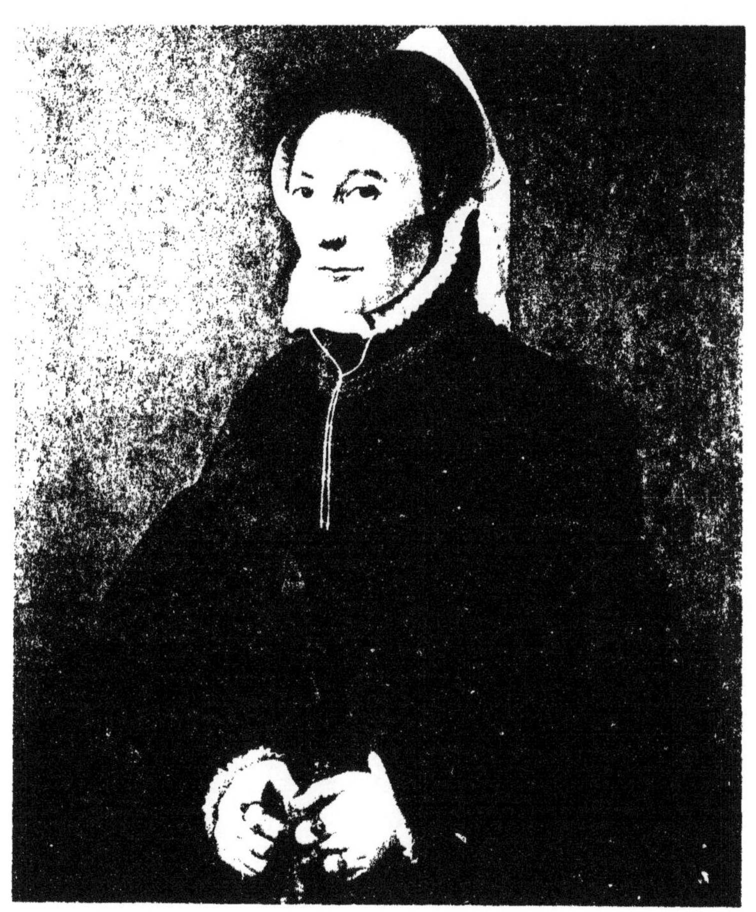

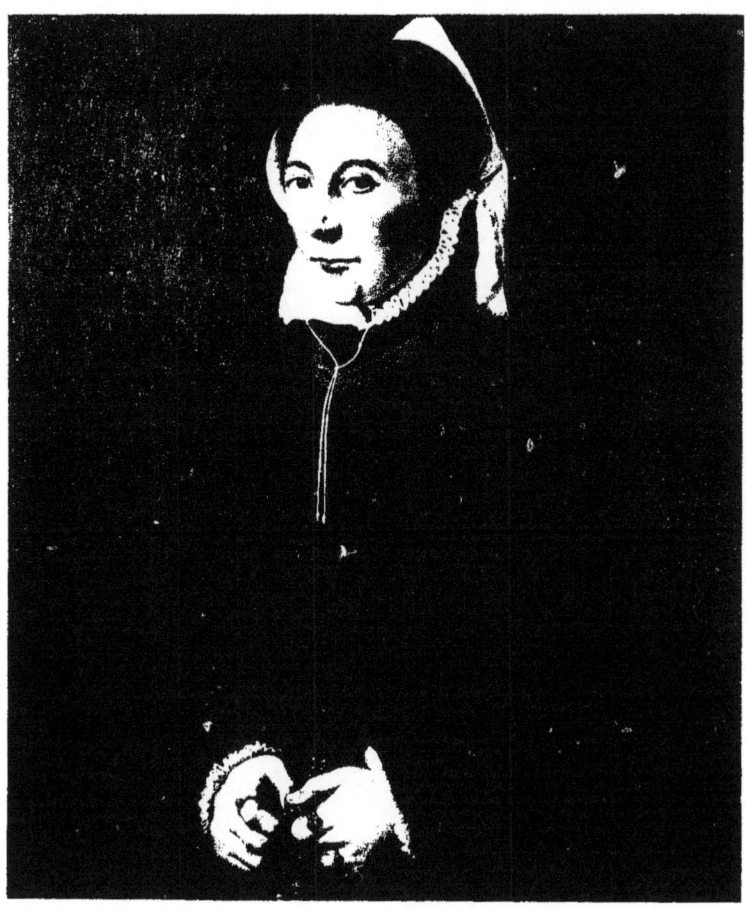

47

050

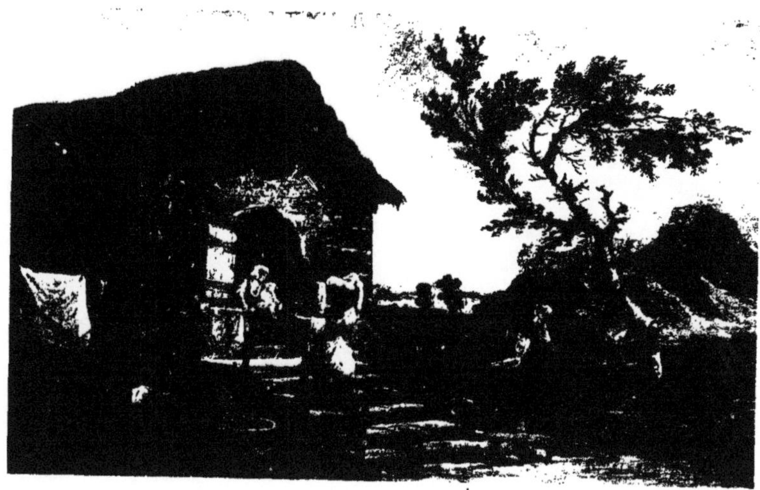

2550 Duey

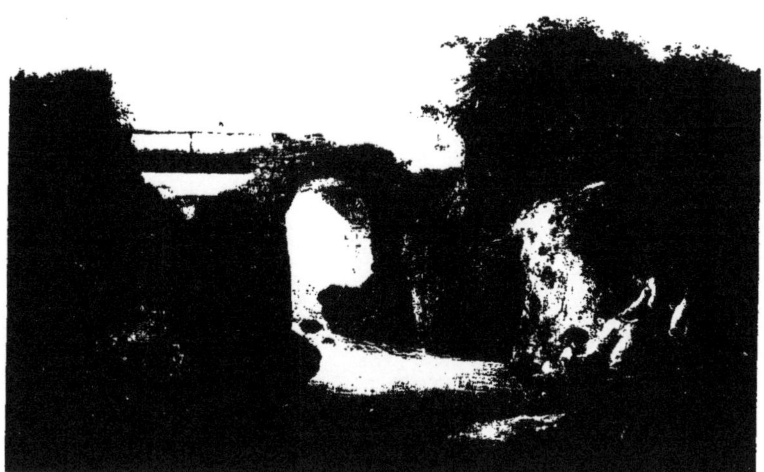

44

2550 Duey

ROBERT
(HUBERT)
Paris, 1733-1808.

49 — *Les Pêcheurs.*

A droite, un pêcheur dans un torrent et sur la berge un homme et une femme.

A gauche, une femme puisant de l'eau et une autre femme surveillant une marmite au-dessus d'un brasier.

Au fond, un homme sur un pont.

Signé et daté : *1793.*

Toile. Haut., 58 cent.; larg., 78 cent.

(Vente Shiff, mars 1905, n° 75.)

ROBERT
(HUBERT)
(PENDANT DU PRÉCÉDENT)

50 — *La Ferme.*

Une paysanne, portant sur sa tête un panier, monte l'escalier d'une ferme. Devant la porte, une femme et un enfant. A droite, sur le bord d'un cours d'eau, deux paysans; à gauche, divers ustensiles de travail.

Signé et daté : *1793.*

Toile. Haut., 58 cent.; larg. 78 cent.

(Vente Shiff, mars 1905, n° 73.)

ROBERT
(Attribué à HUBERT)

51 — *Baigneuses au bord d'un cours d'eau.*

Fond de paysage orné du Temple de Vesta et des Cascatelles de Tivoli.

Toile. Haut., 31 cent.; larg., 23 cent.

ROSLIN
(ALEXANDRE)
Malmœ, 1718-1793

52 — *Portrait présumé de Barère.*

Coiffé d'un haut chapeau noir, vêtu d'une redingote grise et drapé dans un manteau rouge sombre à revers rose, la main gauche appuyée sur la poitrine.

Toile. Haut., 69 cent.; larg., 56 cent.

ROSLIN
(ALEXANDRE)

53 — *Portrait de Montesquieu.*

En habit de velours noir, jabot et manchettes de dentelles, il est assis de profil et tourne vers le spectateur un visage souriant en désignant un volume de l'*Esprit des Lois*, qu'il tient appuyé sur ses genoux.

Toile de forme ovale.

Cadre en bois sculpté.

Haut., 65 cent.; larg., 55 cent.

ROSLIN
(ALEXANDRE)

54 — *Portrait présumé de René-Louis Dubus Préville.*

Vu à mi-corps, la main droite passée dans l'ouverture de son habit noir.

Toile. Haut., 72 cent.; larg., 58 cent.

SCHALKEN
(GODEFROID)
Dordrecht, 1643-1706

55 — *Vénus et l'Amour.*

La déesse est assise sur un rocher, devant un rideau rouge tendu entre deux arbres ; près d'elle, un amour tient une torche enflammée.

Bois. Haut., 38 cent.; larg., 31 cent.

TIEPOLO
(DOMINIQUE)
Venise, 1727 † ?

56 — *La Justice, l'Innocence et la Charité.*

Figures allégoriques représentées dans les nues.

Toile. Haut., 1 m. 34 cent. ; larg., 98 cent.

TOURNIÈRES
(ROBERT)
Caen. 1668-1752

57 — *Portrait d'un magistrat.*

> À mi-corps, de trois quarts à droite, il porte la perruque à marteau et la robe rouge.
>
> Cadre en bois sculpté.

Toile. Haut., 72 cent.; larg., 60 cent.

VALLAYER-COSTER
(Mᵐᵉ ANNE)
Paris. 1744-1818

58 — *Pêches et prunes posées sur une table.*

> Cadre en bois sculpté.

Toile. Haut., 33 cent.; larg., 46 cent.

VERNET
(Attribué à JOSEPH)

59 — *Paysage avec cours d'eau et pêcheurs.*

Toile. Haut., 61 cent.; larg., 31 cent.

VERNET
(Attribué à JOSEPH)

60 — *Le Port de Gênes.*

> Au premier plan, des marins tirant une barque près d'un récif.

Toile. Haut., 60 cent.; larg., 96 cent.

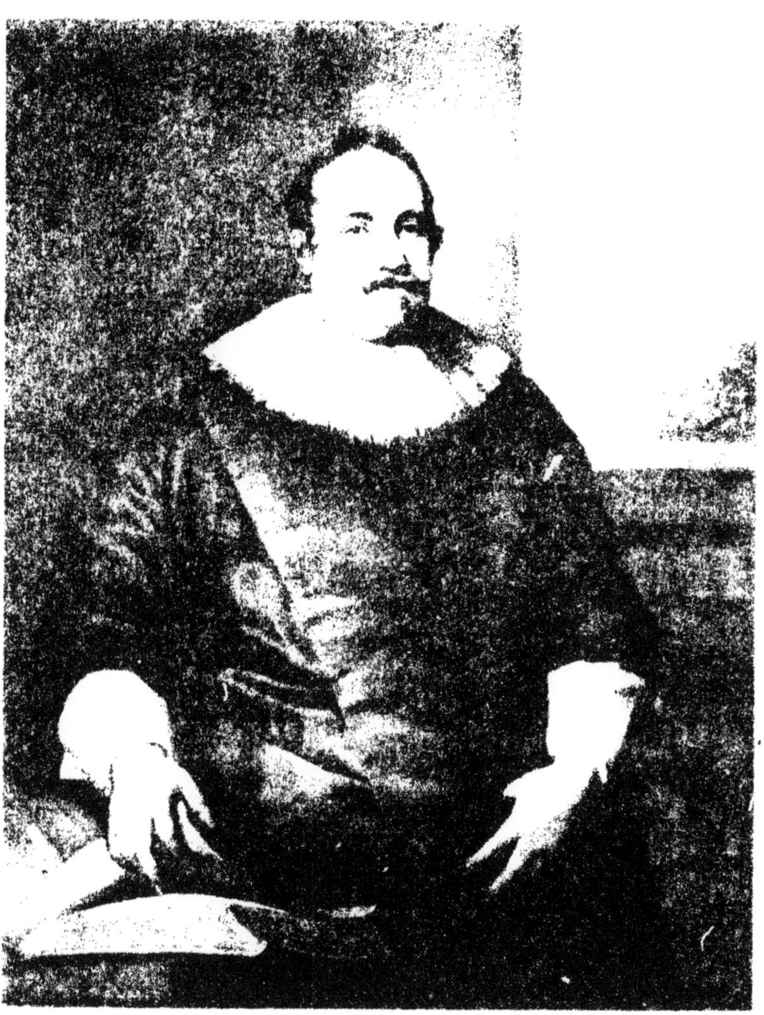

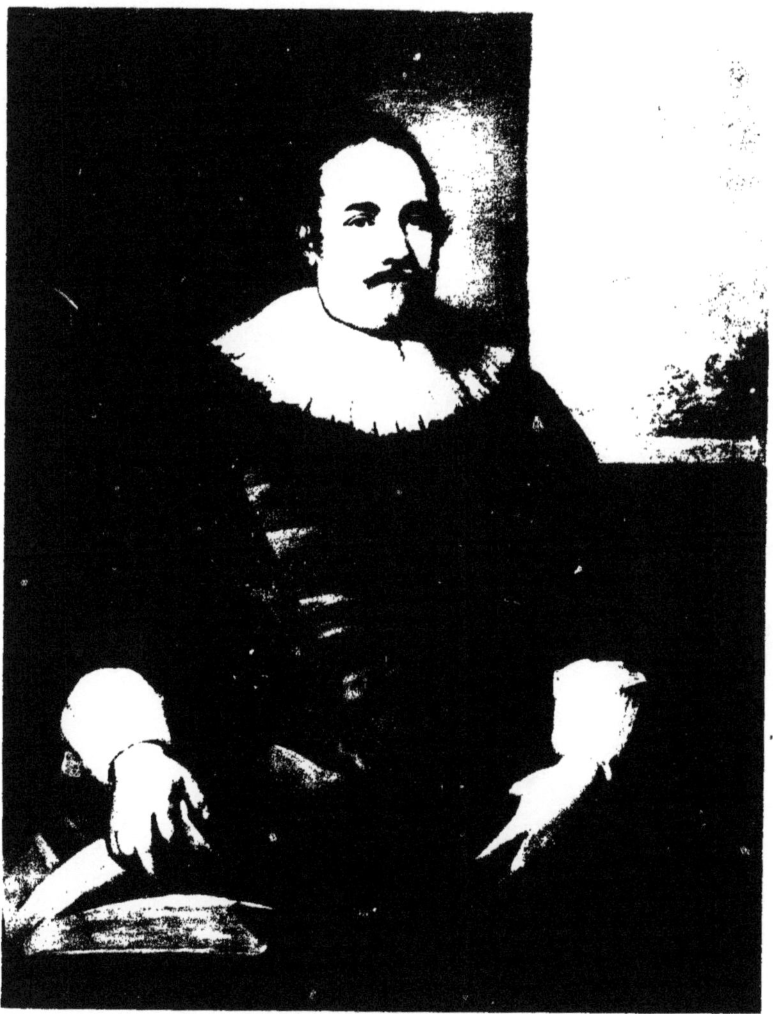

VESTIER

(ANTOINE)

Avallon, 1749-1824

61 — *Portrait de Jeune Femme*.

600

En buste, les cheveux blonds bouclés, corsage rose à raies noires, décolleté sur une chemise de mousseline.

Me de Vancouleurs Toile de forme ovale.

Haut., 56 cent.; larg., 4 ...

VINCENT

(FRANÇOIS-ANDRÉ)

Paris, 1746-1816

62 — *Portrait d'une Jeune Musicienne*.

750

Elle est assise dans un fauteuil, en robe blanche et rouge, devant un piano.

Cadre en bois sculpté.

Haut., 1 m. 7 cent.; larg., 80 cent.

VOS

(CORNÉLIS DE)

Hulst, 1585-1651

63 — *Portrait d'un Gentilhomme*.

800

En pourpoint noir, une fraise autour du cou, la main sur la hanche.
Fond de tenture rouge.
Cadre en bois sculpté.

Bois. Haut., 74 cent.; larg., 59 cent.

VOS
(SIMON DE)
Anvers, 1603-1676

64 — *Portrait présumé du sculpteur Meerestraten.*

Debout, vu à mi-jambes presque de face, en habit noir, collerette et manchettes de linge souple, les cheveux bruns, la barbe en pointe ; il feuillette de la main droite un livre posé près de lui.

Dans le fond, une fenêtre ouverte sur la campagne.

Cadre en bois sculpté.

Toile. Haut., 1 m. 22 cent.; larg., 91 cent.

VROOM
(HENRI CORNEILLE)
Haarlem, 1566-1640

65 — *Entrée d'une Ville hollandaise.*

De nombreux personnages animent un port à l'entrée d'une ville, dont la porte monumentale est précédée d'un pont-levis.

Signé en toutes lettres et daté : *1635*.

Toile. Haut., 72 cent.; larg., 1 m. 10 cent.

WOUWERMAN
(PIERRE)
Haarlem, 1623-1683

66 — *Traîneaux sur un canal glacé.*

Deux traîneaux se croisent au centre; l'un d'eux est arrêté, un gentilhomme aide une dame à descendre.

Dans le fond, des patineurs.

Signé du monogramme.

Bois. Haut., 35 cent.; larg., 49 cent.

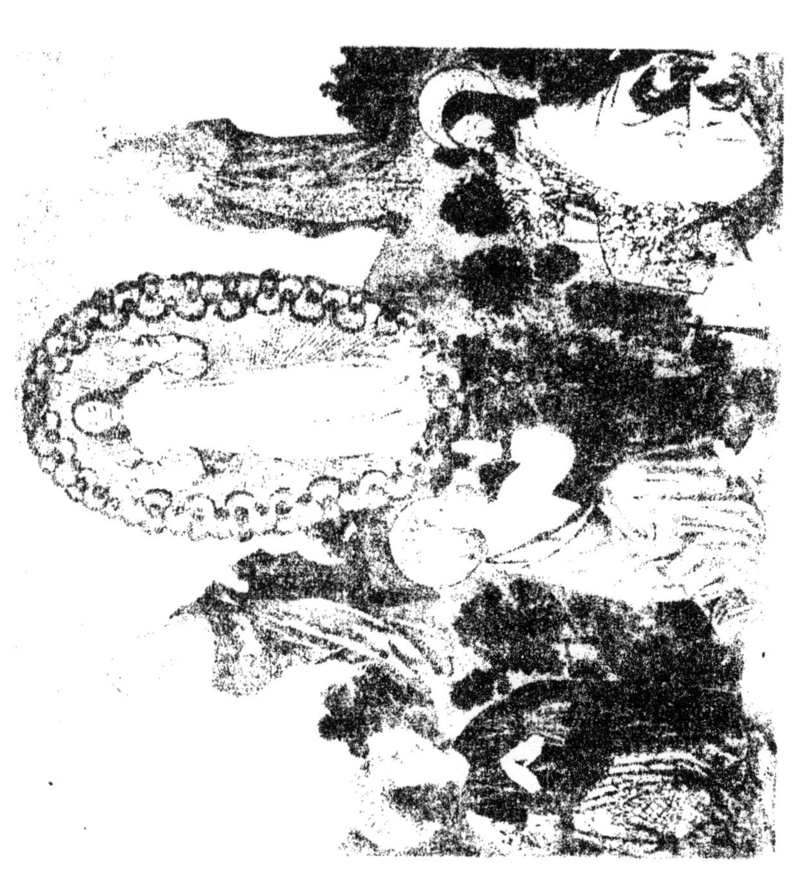

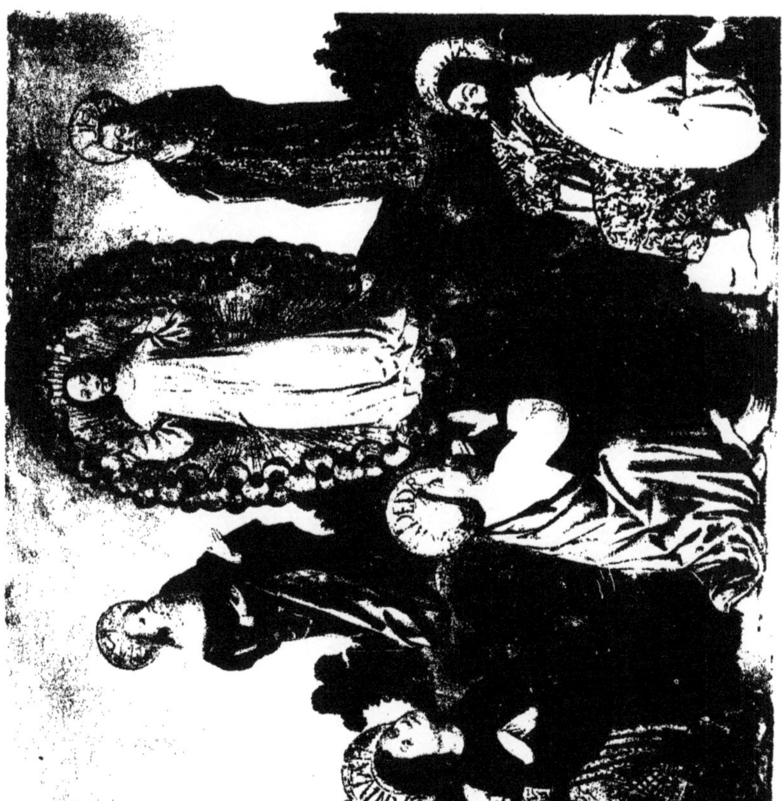

ÉCOLE DE COLOGNE
(xvᵉ siècle)

67 — *La Transfiguration*.

Sur le mont Thabor, le Christ, vêtu d'une robe bleu-clair, debout dans une mandorla, les bras étendus, apparaît entre Moïse et Élie, aux trois apôtres agenouillés au premier plan.

Bois. Haut., 83 cent.; larg., 87 cent.

(*Vente Shiff, mars 1905, n° 6.*)

ÉCOLE ESPAGNOLE

68 — *Moine en méditation*.

On remarque à droite l'inscription :

Aetatis suc 45.
Anno
1652

Toile. Haut., 1 m. 10 cent.; larg., 71 cent.

ÉCOLE FRANÇAISE
(xviᵉ siècle)

69 — *Portrait du Chancelier Michel de L'Hospital*.

En buste, la barbe blanche pendant sur une fraise souple, pourpoint noir.

Cadre en bois sculpté.

Bois. Haut., 54 cent.; larg., 46 cent.

ÉCOLE FRANÇAISE
(xviii⁰ siècle)

70 — *Portrait d'un Maréchal.*

En armure, avec le grand cordon bleu et la ceinture blanche nouée sur le côté.

Fond de ciel.

Toile. Haut., 80 cent.; larg., 64 cent.

ÉCOLE FRANÇAISE
(xviii⁰ siècle)

71 — *La Déclaration.*

Une jeune femme est assise sur un banc dans un parc, en corsage bleu, jupe jaune. Un jeune homme, agenouillé devant elle, lui tient les deux mains.

Toile. Haut., 35 cent.; larg., 25 cent.

ÉCOLE FRANÇAISE
(xviii⁰ siècle)

72 — *Paysage avec cascade.*

Au premier plan, une paysanne accompagnée d'un chien.

Toile. Haut., 35 cent.; larg., 28 cent.

ÉCOLE HOLLANDAISE

(xviiᵉ siècle)

73 — *Vue de Hollande.*

Une charrette et un cavalier suivent une route traversant deux ponts, au bord d'un canal où l'on remarque des barques de pêcheurs.

Toile. Haut., 82 cent.; larg., 1 m. 15 cent.

Trouvé dans l'exemplaire de Paul Mersch

Tableaux vendus à l'Hôtel Drouot
le 26 Mars 1905.

n°			Prix d'achat	Prix de vente	
1379.	Belle.		350	460	
1160	Boucher.	(la bonne mère)	950	100	
1300 / 1390	Covel. ou Jordaens. (Marchand gibier) (ma part 1000)		2500	2000	c.à. Feral
1769	Braumer.		330	55	
1324	Chardin la Gouvernante		600	655	
1310 - 1174	id. nature morte		450	105	
1293.	Maesneck. évangéliste		250	100	
1299.	G. de Crayer.		750	205	
1331	Crépin.		400	100	
1216	Vanloux. portrait d'artiste.		700	320	
1445	Vanloux l'abbé de St Tau.		500	910	
1465	Clouais		260	125	
1583	Fragonard Prédication,		600	200	½ Menus
1064	id ou H. Gérard. (petit ovale)		350	70	
1317	Goya (les caprices,)		400	200	
1100	Guardi St Georges Majeur		750	780	
1417	van Laar ou Karel du Jardin		550	170	
1319	Largillière (ma part 2135)		3645	6400	à Mr Rochette
1358	Leprince Baptême Fragonard		600	190	
1422	Van Loo. Hirmesnil		2000	1460	à Ganay.
1010	C. Van Loo.		1100	210	
1408	Mignard		330	150	
1340	id femme dans parc.		350	260	
1393	Mytens.		730	250	
1429.	Van der Poel		630	135	½ Ganay
1343	Ricci.		380	100	
1506	H. Robert,		1880	2550	
1507	id		1500	2550	
1358	H. Robert		300	80	
15	Rosbin		24030	21080	

Tableaux rachetés.

____

		Prix de rachat.
1333.	Aved.	550
1448.	Boucher. (Ch[ien] au Lièvre	1150
1489.	" (Les petits chasseurs)	1450
1984.	Cuyp /homm[e]	1150 ½ Rochefort
1885.	" Fem[me]	1050 "
1405.	Vernonstre?	460
1521.	D. 1/320.	850
1241.	Perronneau.	3000
1420?	47 Columbus.. M. J	850 ½ Gamuy
1118.	Vincent.	730
1091.	" de Vos.	800 a 4e Jean
1320	Simon de Vos. sculpteur	1400
1427.	67 École de Bologne; Transfiguration, M.	1150 ...

11610

Frais de rachat 15 % ~~580,70~~

Part de M. Rochefort : Perte.

			Prix l'achat	Pour la vente
1519	Lavillière.		2430	4266
1289.	Vallayer (Porter)	½	150	55
1313.	Wouwermans	½	250	67 50

2830.   4388 80
~~379,40~~
~~438,88~~

4169,10
~~~~

part achat 14/70   ~~383~~ / ~~1150~~
1384   Cuyp ;   350 ~~~~
1345   "   1050 ~~~~

733   233
73,30

Frais   10 %
~~~~

Vente du 26 Mars 1906

Décompte de M. de Ganay.

Tableaux 34 . Van Loo . vendu 1460 soit la ½   780
vendus. 46 Van der Poel ,, 135   ...   68
         60 Joseph Vernet ,, 87   ...   44
                                              ____
                        Total   892

Frais : 1° Frais de vente 12 %   107
         2° „ de rachat 10 %   /part.   100
                        Total   207   ________

                        Reste   fr 685

Ф.
5780

605
364
001.9

H
6798.45
5780
~~1578.45~~
1018.45

www.ingramcontent.com/pod-product-compliance
Ingram Content Group UK Ltd.
Pitfield, Milton Keynes, MK11 3LW, UK
UKHW022101170726
13837UKWH00003B/1035